AF561124

M. MIGNET

BIBLIOTHÈQUE NATIONALE
DON
DELISLE-BURNOUF
MANUSCRITS

1796-1884

(9)

10412. — PARIS, IMPRIMERIE A. LAHURE
9, Rue de Fleurus, 9

M. MIGNET

DON DELISLE-DUNOUF

Il faut en France beaucoup de fermeté et une grande étendue d'esprit pour se passer des charges et des emplois.

LA BRUYÈRE.

M. Mignet est mort le 24 mars 1884. Peu d'heures se sont écoulées, et déjà l'on sent de quels respects tous ceux qui savent lire et penser entourent le nom et s'apprêtent à saluer la mémoire de celui qui fut un écrivain et un historien de premier ordre. Sans chercher le bruit, il a trouvé la renommée. Aimant profondément son pays, ne se désintéressant jamais de ses destinées, vivant fort près de la scène politique, il a mis tous ses soins à refuser constamment un rôle.

Il a contemplé d'assez près les événements pour se perfectionner dans l'art de comprendre et d'écrire l'histoire, mais il est demeuré fidèle au parti qu'il avait pris de ne pas entrer dans le tourbillon des affaires. Résolution bien rare en nos temps troublés, qui assure à M. Mignet une place à part dans cette génération d'hommes fidèles à la liberté qui est née aux environs du siècle et dont toutes les intelligences, épanouies à la fois vers 1830, ont pris part au jeu des institutions libres! Il est bon de voir par quelles épreuves ce caractère s'est trempé, quelles œuvres laisse l'écrivain et comment s'est formée peu à peu cette autorité devant laquelle tous ceux qui manient une plume ont tenu à honneur de s'incliner.

De la première jeunesse de François Mignet il n'y a guère à parler. Son origine était des plus humbles; sa mère, qui souffrait de ne pouvoir l'envoyer au collège, l'avait placé dans une médiocre pension, lorsqu'un inspecteur de l'Université, frappé du mérite de l'élève, lui fit accorder une bourse au lycée d'Avignon. Il dut les progrès de son esprit moins à ses maîtres qu'aux efforts d'une volonté précoce et déjà ferme. Ayant achevé ses études classiques à Avignon, il vint retrouver sa mère à Aix en 1815 et commencer auprès d'elle ses études juridiques.

Au seuil de l'École de Droit, il devait rencontrer un ami, dont l'affection fraternelle était destinée à absorber sa vie. A peine arrivé de Marseille, M. Thiers, avec l'ardeur de ses dix-huit ans, tout débordant de mouvement, d'esprit et de feu, se sentit attiré vers ce jeune homme d'une année plus âgé que lui, à la physionomie pensive et fine, à l'âme ardente et contenue, sorti comme lui d'une famille pauvre, ayant comme lui la volonté de se faire un nom, rêvant de le conquérir et n'entendant pas limiter ses efforts aux seuls travaux de l'Ecole. Pendant que M. Thiers prodiguait sa pensée en courant à travers toutes les études, M. Mignet se concentrait déjà. Il venait d'être reçu avocat. Au milieu de ses premières plaidoiries, l'histoire de France l'attirait avec une force invincible. Il envoyait à l'Académie de Nîmes un *Éloge de Charles VII*, puis il adressait à Paris, à l'Académie des Inscriptions et Belles-Lettres, un Mémoire manuscrit sur *la Féodalité et les Institutions de saint Louis*. Il n'avait pas vingt-quatre ans, quand il abordait ce concours. Pour compenser son inexpérience, le jeune avocat d'Aix n'avait pas eu sous la main les livres, les sources, les conseils qui venaient en aide aux concurrents de Paris. Néanmoins, il fut couronné, le prix étant partagé entre lui et M. Arthur Beugnot. L'Académie avait été frappée du style mis au service d'une pensée toujours forte; l'un de ses juges disait : « Il a le coup d'œil et le burin de l'historien. Il ne dit pas, il peint. »

Un tel succès devait décider de sa vocation. M. Mignet partit aussitôt pour Paris. Il y arriva en juillet 1821. Il ne pouvait être longtemps séparé de son ami. Dès le mois de septembre, M. Thiers le rejoignait. Qu'on se figure ces jeunes gens, sans ressources, habitant tous deux un humble logement du passage Montesquieu, mettant en commun leur gêne et leurs espérances, pressentant leur talent et cherchant leur voie. Plus d'une fois dans leur vie, regardant en arrière, ils ont frémi en songeant à cette heure critique. Mais à ce moment leur jeunesse ne doutait pas. Muni d'une lettre pour Manuel, M. Thiers put faire ses essais au *Constitutionnel* : ce furent des coups de maître. Accueilli par le rédacteur en chef du *Courrier français*, M. Mignet écrivit sur la diplomatie quelques articles. M. de Talleyrand les lut et voulut voir l'auteur. Frappé de rencontrer tant de tact uni à une telle supériorité, le vieux diplomate se laissa aller au charme[1], d'un jeune

1. Voyez les qualités que M. de Talleyrand aimait à trouver chez ses interlocuteurs : Lettre de Mme de Rémusat à son fils, 23 décembre 1815.

esprit qui savait écouter, « entendre bien et vite, approuver du sourire et du regard ».

Partagé dans ses matinées studieuses entre l'impression de son Mémoire et ses études diplomatiques, le lauréat de l'Institut devenait le soir un des hôtes les plus assidus du salon de M. de Talleyrand, où il voyait passer ce que la France et l'Europe comptaient de plus éminent. Il était de ceux dont l'intelligence s'ouvre et s'anime au contact des hommes d'élite. C'est en ce sens que les salons entretiennent l'esprit et le développent. Leur influence sur les contemporains de M. Mignet fut très grande sous la Restauration. Il sut y puiser plus que personne. Dès son arrivée à Paris, il s'était rapproché des survivants de la Révolution, les avait interrogés, avait longuement écouté leurs récits. Trop attaché aux libertés contenues dans la Charte pour ne pas déplorer les fautes des Bourbons, il forma le projet d'écrire une histoire de la France depuis la réunion des États Généraux de 1789 jusqu'à la chute de Napoléon. M. Mignet et M. Thiers conçurent à la fois la même pensée ; loin de se décourager ou de s'irriter de cette rencontre, ils marchèrent vers le même but avec la satisfaction de convictions communes, décidés à ne pas laisser un parti dissimuler plus longtemps les généreux entraînements de la Constituante derrière le rideau de sang de l'échafaud révolutionnaire. C'est en 1822 qu'ils commencèrent l'un et l'autre leur œuvre, et dès le courant de l'année 1824, M. Mignet publiait en deux volume ce résumé philosophique, si élevé et d'un style si ferme, dont le succès persistant ne devait pas être effacé par les dix volumes que donnait M. Thiers de 1823 à 1829. Écrit avec un élan qui entraîne le lecteur, ce récit contient des pages admirables. En peu de temps, le nom du jeune historien devint populaire.

C'est à la même époque qu'il montait dans la chaire de l'Athénée et qu'il commençait devant un public devenu bientôt enthousiaste ces lectures sur l'histoire de la Réformation qui devaient l'attacher si vivement au seizième siècle. Sainte-Beuve nous a conservé le souvenir de ces séances : « J'ai encore présentes à l'esprit, dit-il, les premières leçons de l'Athénée dans lesquelles M. Mignet aborda le seizième siècle et la Réforme.... Dès les premiers mots de la lecture, l'auditoire tout entier était conquis; chacun se sentait saisi d'un intérêt sérieux et sous l'impression de cette parole qui grave, de cet accent qui creuse. La prononciation quelque peu puritaine et ce débit empreint d'autorité redoublaient encore leur effet en sortant du sein d'une jeunesse si pleine d'éclat et presque souriante de grâce. Ce jeune homme à la physionomie aimable et à l'élégante chevelure offrait à la fois quelque chose d'austère et de cultivé, un mélange de réflexion et de candeur... » Voilà un portrait qui nous laisse une image définitive de M. Mignet dans cette phase d'activité et de grâce, d'études libres et paisibles qui ont fait de la Restauration une période enchantée, vers laquelle, à cinquante ans de distance, le souvenir du vieillard aimait à se reporter.

Les fautes de la Restauration se pressaient. Le ministère Polignac avait été constitué comme un défi. A une situation nouvelle il fallait opposer une nouvelle tactique. M. Thiers et M. Mignet, qui avaient traversé la Restauration sans jamais se prêter à une conspiration, fondèrent le *National*, et, du haut de ce nouveau bastion, ils ouvrirent le feu le 1er janvier 1830. Leur plan était très net. Il s'agissait d'enfermer Charles X dans la Charte, de le forcer à retirer son ministère ou à faire un coup d'État, et, comme la dernière hypothèse était vraisemblable, il fallait préparer les esprits à une monarchie libérale et constitutionnelle qui fût fondée sur un pacte. La révolution d'Angleterre de 1688 se présentait comme un modèle à imiter. M. Thiers et M. Mignet prévoyaient la révolution ; la jugeant inévitable, ils mirent leur patriotisme à s'efforcer de la réduire à un changement de personnes. Toutes les ressources de la polémique et du talent furent mises en œuvre. Les chercheurs qui relisent aujourd'hui les articles anonymes du *National* attribuent à M. Thiers la collaboration la plus ardente. Nous avons sous les yeux un exemplaire de ce célèbre journal dans lequel les noms des deux signataires ont été écrits jour par jour. Chez eux, l'ardeur était la même; la noble passion de fonder un gouvernement libre aussi vive chez les deux historiens. Nul n'aurait prédit, en les lisant, la diversité de leur fortune.

Quand vint le jour que leur perspicacité politique avait prévu, ils se retrouvèrent côte à côte, l'un rédigeant, l'autre signant des premiers la protestation des journalistes qui fut le signal hardi de la résistance, travaillant tous les deux à écarter les solutions révolutionnaires et à réaliser cette substitution de personnes, sans laquelle l'aveuglement des Bourbons eût été le signal de la pire anarchie. Le nouveau gouvernement ne pouvait rien refuser à ceux qui l'avaient fondé. Il avait besoin de M. Mignet comme de M. Thiers; mais, tandis que l'un était mis au premier rang du danger et de la lutte, l'autre se refusait à entrer à la Chambre, et ne trouvait dans les événements auxquels il avait pris tant de part qu'un moyen de favoriser ses études historiques : il devenait garde des Archives des affaires étrangères et conseiller d'État en service extraordinaire. Une autre révolution, qui devait le chasser du ministère, le trouva, dix-huit ans plus tard (fait sans précédent!), pourvu des mêmes titres.

Pendant cet intervalle, M. Mignet se livra en toute sécurité aux plus beaux travaux. Membre du comité de l'Histoire de France dès sa fondation en 1834, il promit, à l'une de ses premières séances, de publier les négociations relatives à la succession d'Espagne. Depuis son entrée au dépôt des affaires étrangères, il s'était attaché tout entier à ce travail et, au moment où M. Guizot annonçait dans son Rapport au roi l'engagement du garde des Archives, le ministre était loin de se douter que le premier volume était achevé. Il parut en 1835. L'admiration fut profonde. On s'attendait à trouver une suite un peu froide de pièces diplomatiques. On lut une histoire dont la trame était serrée, dans laquelle les documents étaient mis en lumière, rangés à leur place, groupés par séries et enchâssés avec un art si achevé que le travail lui-même avait su se dissimuler. En tête du volume figurait une *Introduction* de cent pages qui est un des morceaux les plus parfaits de notre littérature historique : il montre en raccourci l'histoire de l'Espagne et la décadence de l'empire de Charles-Quint, puis il reprend le rôle de la France, les raisons secrètes de sa force, les causes de son génie ; chaque paragraphe est un jugement ; chaque ligne contient une pensée. Veut-il peindre Richelieu ? « Le ministre, écrit-il, exécuta ce que son maître devait et ne pouvait pas accomplir tout seul. Il était doué d'un ferme génie et du caractère le plus résolu. Il eut les intentions de toutes les choses qu'il fit. Sa conduite fut le résultat de ses plans. » Peut-on dire plus de choses en moins de mots ? Un esprit médiocre n'aurait pas exprimé en un gros volume ce qu'en cent pages M. Mignet a écrit pour la postérité.

Six mois après ce succès, il était appelé dans le sein de l'Académie française, où M. Thiers l'avait précédé de deux ans.

La publication des négociations relatives à la succession d'Espagne, qu'il ne poursuivit malheureusement pas au delà de la paix de Nimègue, ne l'absorba pas entièrement. Ses études le ramenaient sans cesse vers le seizième siècle et surtout vers les rapports de la France avec sa grande rivale espagnole. Les démêlés d'Antonio Perez et de Philippe II, d'abord insérés dans le *Journal des savants*, devinrent un volume qui eut quatre éditions.

Les yeux tournés vers l'Espagne, il s'y était rendu en mission lors de l'avènement de la reine Isabelle. Il avait entrevu les archives de Simancas et compris quels étaient pour notre histoire nationale les trésors renfermés dans ce dépôt. Il s'appliqua dès lors à enrichir nos archives de copies faites en Espagne. Le dépôt des Affaires étrangères doit à M. Mignet le fonds de Simancas. C'est là qu'il puisa les éléments de son livre sur la vieillesse de Charles-Quint. L'abdication de l'empereur et sa retraite au monastère de Yuste avaient été défigurées depuis trois siècles. M. Mignet rendit à cet acte ses motifs et sa grandeur. Il raconta la vie de Charles-Quint « à l'ombre du cloître, en lui restituant toute l'influence extérieure qu'elle conserve et tout l'attrait intérieur qui l'anime ». Il excellait à discerner les raisons cachées, à retrouver le fil des négociations secrètes. C'est ainsi qu'il se sentit attiré par l'existence de la princesse tour à tour reine d'Écosse et reine de France, dont les malheurs furent le tragique roman de la seconde moitié du seizième siècle : il ne laisse de côté aucun des événements de « cette vie ouverte par l'expatriation, semée de traverses, remplie de fautes, presque toujours douloureuse, et un moment coupable, mais ornée de tant de charmes, touchante par tant d'infortunes, épurée par d'aussi longues expiations, finie avec tant de grandeur ». Marie Stuart reprit sous sa plume cet attrait qui a séduit ses contemporains et cette vérité sans laquelle il n'est pas d'histoire.

La rivalité de François Ier et de Charles-Quint offrait à l'étude un des champs les plus vastes, un des drames les plus saisissants de nos annales. M. Mignet résolut de l'écrire, et il marqua de traits ineffaçables le caractère des deux rivaux. Lisez le portrait de Charles-Quint : « Avec moins d'éclat [que François Ier], il avait plus de solidité ; son esprit n'était pas vif, mais il était net, judicieux, assuré, et la vigueur en lui remplaçait l'ardeur. Il portait dans l'examen, comme dans la conduite de ses affaires, une application soutenue et cette forte prudence qui n'empêche ni d'agir ni d'oser. Là où il intervenait avec lenteur, il persistait avec opiniâtreté, et son caractère, aussi tenace que son génie, finissait par lui assujettir la fortune qui d'ordinaire se déclare en faveur de ceux qui voient le mieux et veulent le plus longtemps. »

Charles-Quint, François Ier, Marie Stuart, Calvin, Louis XIV et Guillaume III, telles sont les figures auxquelles le nom de l'historien demeure attaché. Quel que fût le goût de M. Mignet pour l'analyse des caractères, il préférait encore étudier l'état et le développement d'une race, mesurer ses tendances, expliquer la marche d'une civilisation. Il excellait à discerner les causes secrètes, à découvrir suivant quelles lois avaient gravité dans le cours des âges les nations dont les vicissitudes formaient selon lui l'intérêt et la leçon permanente de l'histoire. C'est ainsi qu'il décrivit à grands traits, après de longues et solides recherches, la destinée de la Germanie, les luttes des Germains avec les Francs et l'origine de la France.

Ces livres qui feront vivre le nom de l'écrivain ne furent pas sa seule œuvre. La meilleure part de sa vie n'a-t-elle pas été réservée à cette Académie des sciences morales et politiques dont il était le secrétaire provisoire lors de sa renaissance en 1832, et dont il devint le secrétaire perpétuel en 1837? Pendant quarante-cinq ans, il dirigea les travaux de l'Académie. Les plus grands esprits, M. Cousin, M. Guizot, s'inclinaient devant son autorité. Il semblait qu'il eût donné à la Compagnie dont il était devenu l'âme quelques-unes de ses qualités propres; il ne souffrait ni la vulgarité, ni les exagérations. L'Académie des sciences morales a dû certainement à la longue influence de son secrétaire perpétuel la douceur de ses mœurs, l'affectueuse gravité de ses relations, et ce prodigieux phénomène d'une société toujours unie entre des hommes séparés par la diversité des convictions politiques, en un siècle où les haines de parti ont causé parmi nous tant de maux et troublé tant d'esprits. Grâce à M. Mignet, les passions expiraient au seuil de l'Académie; grâce à lui, elles ne parvinrent jamais à envenimer les discussions ni à aigrir les cœurs.

Il avait une bonté qui se répandait autour de lui : son accueil était plein de dignité et de grâce, soit qu'on le trouvât au milieu de ses livres et de ses travaux, soit qu'on le vît dans le salon de M. Thiers, où il avait passé les meilleures heures de sa vie et où on le rencontrait encore, survivant à tout ce qu'il avait aimé et gardant jusqu'à sa dernière heure le culte d'une amitié qui avait fait le bonheur et comme la parure de sa vie. L'âge n'avait ni glacé ses souvenirs, ni irrité son âme. Il se plaisait à parler du passé, revenait sur les récits qu'il avait recueillis de la bouche des contemporains de la Révolution et de l'Empire, racontait les conversations de Rœderer ou de Talleyrand, s'attachait à peindre les hommes, à juger un temps, à le comparer au sien avec une vue claire des mécomptes et des fautes. Il se montrait intarissable en présence de ceux qui savaient l'écouter. Il connaissait trop notre histoire pour s'étonner de nos déceptions présentes : il les supportait avec courage, il les expliquait avec profondeur. Son abstention n'avait jamais eu pour cause le doute ou l'indifférence en matière politique. Malgré une force d'âme remarquable, il se jugeait impropre à l'action ; il aimait la grandeur chez les autres et méprisait l'ambition pour lui-même. « Il faut en France, disait déjà il y a deux siècles la Bruyère, beaucoup de fermeté et une grande étendue d'esprit pour se passer des charges et des emplois. »

Chaque année, il rédigeait et venait lire dans les séances publiques une notice historique consacrée à l'un de ceux qui avaient honoré l'Académie. Il parcourait ainsi à grands traits l'histoire contemporaine, résumant la Révolution avec Sieyès et Daunou, l'empire avec Rœderer et Siméon, le gouvernement parlementaire avec M. de Tocqueville et M. de Broglie, examinant les codes avec Merlin, jugeant la philosophie à propos de Tracy, de Cabanis et de Victor Cousin, pénétrant aux États-Unis avec Franklin et Livingstone, en Prusse avec Ancillon et Savigny, en Angleterre à la suite de lord Brougham. Son intelligence, ouverte à toutes les jouissances de l'esprit, se trouvait à l'aise partout où une âme pensait et produisait. Il aimait passionnément le talent sous toutes ses formes. Il exprimait ce qu'il sentait avec autant de mesure que de précision. L'éloge est un genre faux qui passe avec le temps. La notice, telle que M. Mignet l'a comprise, aura une tout autre durée, parce qu'elle contient sous la forme la plus brillante le jugement d'un des plus sages parmi nos contemporains.

Avec les pages détachées des notices, on referait l'histoire de notre siècle. Qu'importent les lacunes imperceptibles que relèverait la critique? Ce qui fait l'historien, ce n'est pas la minutie des détails, c'est la profondeur des vues, la sûreté des considérations, l'autorité des jugements. Assurément M. Mignet appréciait autant que nul autre l'exactitude des recherches; il a prouvé en quelle estime il tenait les documents, quel soin il mettait à puiser aux sources, à consulter les archives. C'étaient les matériaux de son œuvre. Comme un bon architecte, il recherchait la finesse du marbre et exigeait la solidité des assises; mais il aurait tenu pour un pauvre constructeur celui qui aurait employé sa vie à tailler quelques blocs de pierre ou à ciseler un chapiteau. Il attachait autant de prix au mérite de l'écrivain qu'à la conscience du chercheur. Sans la réunion de ces deux qualités, il ne concevait pas l'historien. Il était effrayé des tendances d'une nouvelle école qui prétendait les diviser; il avait coutume de dire : « Elle tuerait le talent en France, si elle le pouvait! » Il en était fort alarmé. La lecture de ses plus belles pages servira heureusement de conseil et de guide aux futurs historiens. En lisant l'*Essai sur la formation territoriale et politique de la France*, en relisant l'*Introduction aux négociations sur la succession d'Espagne*, ils comprendront ce qu'est l'histoire générale et philosophique.

Au contact de ces chefs-d'œuvre, ils sentiront leur esprit s'élever, leur intelligence s'épanouir; ils éprouveront cette impression intime et forte que cause dans les âmes l'admiration pour un grand esprit; peut-être devineront-ils ce que peuvent ressentir aujourd'hui de douleur et de vide ceux qui l'ont connu, respecté et aimé.

Georges PICOT.

BIBLIOTHÈQUE NATIONALE DES MANUSCRITS

(*Cette courte notice a paru dans le* Journal des Débats *du* 27 *mars* 1884.)

10412. — PARIS, IMPRIMERIE A. LAHURE
9, rue de Fleurus.

www.ingramcontent.com/pod-product-compliance
Lightning Source LLC
LaVergne TN
LVHW020456230826
846091LV00008BA/3233
9782019214005